LA VIE EST PRATIQUE
POUR RANGER DES SOUVENIRS

ALAIN FISETTE

À Aline et Jean-François

La vie est pratique
pour ranger des souvenirs

poésie

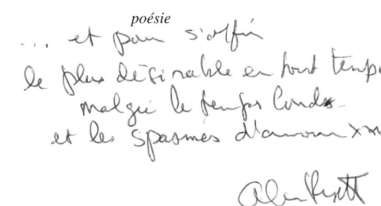

... et pour s'offrir
le plus désirable en tout temps
malgré le temps lourds
et les spasmes d'amour xx

Alain Fisett

LES HERBES ROUGES

Nous remercions le Conseil des arts du Canada
de l'aide accordée à notre programme de publication.

Les Herbes rouges bénéficie du soutien du ministère
du Patrimoine canadien et de la Société de développement
des entreprises culturelles du Québec pour son programme d'édition.

Dépôt légal : BNC et BNQ, quatrième trimestre 1999
ISBN 2-89419-160-X

À ceux que j'ai volés
& aux autres qui m'ont tout donné...
Merci!

à Fran Kubelik
Holly Golightly
& Henri Serin

à Paméla-Maude
ma fille & mon idole

Merci à Jean-Pierre, Daniel, Pol & Richard!
Merci quand même André!

Why do people have to love people anyway?

FRAN KUBELIK
dans *The Apartment*
de Billy Wilder

LA NATURE COUPE À BLANC LE BONHEUR

Enfermés dans un paysage
les murs éclairent la nature sous son meilleur jour!

Les grains perdus au jeu des récoltes
sont remboursés sous forme de grêle
les floraisons ivres de mars
sont momifiées dans l'haleine du vent
les sols sont contaminés
par des massages du soleil
donnés de charité
même en utilisant de l'alcool
nous n'arrivons plus à enlever
les taches de rosée de nos yeux!

Un jour
la terre pliera contre les éléments
même si pour cela
nous devons boire en pleine canicule
de l'eau à retardement
& chasser l'ennui
à chercher les numéros de son destin
une arme à la main...

Aucun remords dans les montagnes
même après avoir démonté le cric de l'horizon
& condamné les terrasses du sous-sol
à une avalanche d'épaves astrales...

Aucun remords dans la brousse
même après avoir parlé source
sous les coups de soleil
& ainsi causé l'épidémie de gangrène
aux tiges de la terre...

Aucun remords dans la steppe
même après avoir interdit à la faune
la chasse aux légumes & jeté par deux les triplés
dans les jambes du hasard...

Aucun remords dans la jungle
même après avoir instauré des limites de vitesse aux animaux
ligoté un moustique à l'humidité
& retrouvé une tribu noyée dans la nappe phréatique...

Aucun remords dans le désert
avant même que les arcs-en-ciel
se coagulent en enclumes
des fakirs avaient fait naufrage dans leur sauna de sable...

Aucun remords dans la toundra
après six mois de soleil à bouffer des fruits magnétiques
des sans-abri se sont mis à adorer le froid
ils ont enterré leurs tentes avec leurs pelles paraboliques...

Peu importent les régions peu importent les raisons
les remords ont tous le même visage
tant dans les dédales du corps
que dans la splendeur des extérieurs...

La nature coupe à blanc le bonheur
& prépare notre sépulture tout au long de notre vivant!

Alors pourquoi
chercher secours à notre propre perte
dans les pôles de l'au-delà
quand enfermés dans le paysage
nous demeurons à une seconde près
du reste de notre vie?

The earth is a bitch.
DAVID BOWIE

LE FAMEUX TROU BLANC

Il manque une lettre au visage du soldat inconnu
celle qu'on cache dans toutes les langues
& que tu gardes sous la tienne...

Dis-moi cette 29e lettre de l'alphabet
a-t-elle encore la forme d'un moule
ou bien celle du fameux trou blanc
entre nom & prénom?

Nous avons été embaumeurs de liquides
& accoucheurs d'hyperactifs
nous avons pratiqué la vie en escouade
nourri des pigeons aux statues
exhumé des soldats des terres arables
enlevé la dorure sur les liftings de coins ronds
& le miel d'aluminium dans les carburants de fantaisie...

Le sol est notre couverture!

Nous sommes des vertébrés souterrains
des ennemis de la terre incapables
de bâcler un crime contre des sans-abri!

Plus habiles à caresser un chien qu'un humain
nous marchons la tête haute
& faisons l'amour le visage à couvert
comme un couple d'espions

enfermés dans un coffret de sécurité
nous savons tous deux que le doute
est une bien meilleure cachette qu'un transistor!

Nord spirituel indiqué par des boussoles saisies au vol
naufrages épiques dans un oasis de bouées de sauvetage
délateurs alzheimers tués sous hypnose...

Il y a une petite guerre dans chaque exploit
beaucoup de hasard dans le silence
& du vent dans l'alcool!

Nous voulons un monde plus petit
& des frontières autour du lit
car rêver à nos tatouages nous a finalement endormis!

Dis-moi ces mots qui même si on s'aime encore
empêchent le sel de dégorger nos langues
montre-moi cette lettre de trop sur ton visage
cette lettre qui a fait de toi une civile aguerrie
& la gardienne d'un troupeau de pansements...

Dis-moi que peut-être nous referons l'amour comme avant
quand les tranchées divisaient le monde
entre actrices & prisonniers!

L'ALCOOL AU COMPTE-GOUTTES

La nuit dernière
Paméla & moi avons joué la carte du monde
& gagné le chapeau de l'univers
qui était devenu trop petit pour lui
ce matin j'ai oublié le chapeau
près de quelques enfants
qui séchaient dans une buanderie
cette nuit à leur tour
ils joueront la carte du monde
mais cette fois avec le chapeau de l'univers en main...

Qu'arrivera-t-il?
je peux vous le dire dès maintenant
ils perdront & redeviendront ce qu'ils ont déjà été :
des patients à vie ou des corps policiers!

Que faire comme dons de soi & qui applaudir en privé
quand ils s'assoient sur les seringues
enfouies dans des coussins de sécurité
quand ils campent dans les dalots des ailes psychiatriques
& que le personnel leur inflige le bonheur avec des mots?

Ils savent maintenant que l'intérieur du jour est une roche
& que la peau est une tente douce
mais provisoire...

Oui! Ces arbres munis de bras mous
& de dents de pratique
ces purs miracles capables de caresser des mouches
& de dresser des chats contre les livres
ces soleils de chair qu'on appelle aussi des déductions
méritent davantage que l'amour beige de parents
que de la nourriture pour figurines
& de blêmir tous les après-midi...

Il faut perdre la vue au moins une fois
pour pouvoir atteindre le point de fuite de la beauté
celui qui permet d'entendre les confidences des objets
de converser avec des aphones
& de cacher les saisons sous nos manteaux de nuit...

Il faut s'abandonner au vent qui perce les coffres-forts
& s'adonner à l'alcool au compte-gouttes
pénétrer dans les serres réservés aux aveugles
faire le plein d'effets spéciaux vus à travers les fissures
d'un brouillard fait de pain & d'eau
puis se rendre au sous-sol
& voir enfin le cortège de nourriture
par le hublot du congélateur...

Oui! C'est vrai
seuls les enfants parlent le somnambule
seuls les enfants rient lorsque le soleil tombe
seuls les enfants ressentent les caresses des fuseaux horaires
ils sont également les seuls
à connaître les sentiments par leur nom de famille
à savoir comment lire les nuages
pour connaître l'haleine d'une ville

à disparaître dans l'eau du bain
pour aboutir devant la télé!

Alors pourquoi leur refuse-t-on le droit
de séparer leurs globules blancs des rouges
& d'être nostalgiques à partir de quatre ans?

LA LISIBILITÉ EXISTENTIELLE DU TON SUR TON

Habitués à respirer le vent sous les ventouses
à dormir en souliers sous le niveau de la mer
à repérer les imitateurs à leurs suaires
des guetteurs de panoramas
bourrés de micro-ondes
enlèvent leurs armures de coton
& préfèrent jouer les hôtesses de l'air
plutôt que forcer les rumeurs à un autre détour...

Ils connaissent l'importance du casting dans les poèmes
& savent que le sol n'a pas plus besoin de pieds
que l'océan de pâturages de sable!

D'autres partis boire les daïquiris de l'avenir
dans l'air comprimé de la terrasse sous les nuages
avec des animateurs de foule
qui vouent un culte au plus petit commun multiple
tentent de charger à blanc leur désir de fuite
d'étendre la lisibilité existentielle du ton sur ton
& de forcer les montagnes à devenir les canines de terre...

Ils vont accompagner le soleil dans son sommeil
au moment même où la porte
s'ouvre au doute dans les rêves...

Ils vont connaître l'heure & le lieu
où le sol & le firmament
vomissent l'horizon!

Les chanceux!

LE DÉLIRE DE L'INIMAGINABLE

Prêts à risquer la prison de peu
pour atteindre cette lueur magnifique en eux
ils refusent de boire
cette eau superbe pourtant colorée à la main!

Quel est donc cet instinct qui expulse
le délire de l'inimaginable
& nous pousse à affronter les nains en petit bonhomme
à acheter des médailles qui ne protègent que le cou
à jouir d'une maladie transmise
par des parapluies nettoyés à sec?

Le même qui dans l'oubli
cherche Dieu à la montagne
puise dans l'imaginaire de l'écho
les minutes du destin & réfute les promesses
hurlées dans des crises de charité!

Pourtant les délais prévus pour le bonheur à vif
sont les mêmes pour les sherpas de l'actualité
– capables de mentir même en transe
de cacher les points de fuite dans l'azur
de planter des clous dans une ampoule –
que pour ces bâtisseurs d'exemples
qui à investir tant dans la sobriété
deviennent saouls contre nature!

NOUS AURONS TOUS DES TÊTES D'EAU

Rien d'unique survit à la fatalité
même si le vent souffle fort dans nos valves de sécurité
nous avons battu la nature à son propre jeu
ramassé des feuilles au printemps
éteint la lampe des bas-fonds
lu l'horoscope au chien & nourri le bétail au figuré!

Il est temps que l'orbite on en fasse notre planète
qu'on se tienne debout en deux dimensions
pendant que la musique remplace le temps
& que les éléments se pavanent
avec des bijoux humains au cou...

Je sais que vous le savez mais répétons-le
l'âme n'est qu'une espèce de transistor doté d'un mal de ventre!

Reste que nous avons nagé dans la saumure du soleil
& dansé sur de la musique de chambre à gaz
dévoilé dans l'intimité les charmes du porte-à-porte
afin de pouvoir gravir la façade des désirs
& de s'arracher le poil des veines
puis la mort à peine ressentie dans les jambes
que déjà je ne peux m'empêcher de goûter
le beurre vierge qui coule du coin de tes épaules
& de cracher la fumée jaune que ton corps habite...

Il n'y a que tes seins qui serrent les mains
il n'y a que tes bras qui sont des ponts
que nos pertes de conscience qui sont politiques!

Je te promets qu'un jour
nous ferons l'amour en pression négative
dans une chambre étanche & nous survivrons
pendant que d'autres embouteilleront le fleuve
dans des carafons & finiront déshydratés!

C'est vrai que nous aurons tous des têtes d'eau
mais qui d'autres peuvent vraiment se vanter
d'avoir une bouée de sauvetage à la place du cerveau
sinon ceux qui tirent dans le tas au 6/49?

Ceux qui ont appris à nager sur un bateau
peut-être!

And if California slides into the ocean
Like the mystics and statistics say it will
I predict this motel will be standing until I pay my bill.
WARREN ZEVON

L'ARGENT DES SENTIMENTS

Entraînés à jeter du lest dans les sous-sols
pour prendre leur bain debout
à rechercher au milieu du dedans & du dehors
le confort des culs-de-sac
à respirer l'air pur des coins dans la crainte
que l'indifférence ne les quitte dans la souffrance
des amants laissés à eux-mêmes dans la plaine
ont finalement eu raison de leur sort
avec comme seule arme
le revers contre le quotidien...

Nous réussissons même à être mal à l'aise enfermés
quand tout au plus nous nous inquiétons
de la douceur des remords qu'on aura à partager
avec l'exemplaire de notre doublure
qui nie la part de l'oubli dans la violence gratuite
& cambre les muscles qui retiennent les pleurs
quand il voit l'acné s'attaquer aux mains...

Nous continuons à faire l'amour comme deux pickpockets
nous voulons l'argent des sentiments
& savons que lorsque nos pensées
ont peine à rejoindre les bouts de nos doigts
des caresses meurent en nous...

Hier j'ai photocopié le plan de ton organisme
pénétré tes codes génétiques par tes défauts

investi les fondations de ton enfance
& navigué au-delà de ta naissance!

Je t'ai vue dormir la tête entre les barreaux de ta bassinette
je t'ai vue mordre les mamelons de la nourrice
je t'ai vue pleurer du liquide amniotique...

Tu savais déjà serrer les poings
fermer les yeux au soleil
& donner chair à un sourire irrésistible
par ta bouche secrète!

J'ai appris à gonfler mes empreintes
pour m'imbiber des autres
à reculer dans mon sang pour couvrir mes dettes d'affection
à répliquer par des préliminaires
lorsque tes seins ont prononcé leurs derniers mots
puis j'ai embrassé tous tes recoins
& évacué par tes qualités de secours...

Maintenant que tu sais que nous serons toujours
à un amour près de l'âge adulte
pouvons-nous une fois pour toutes
mettre les désirs à leur place?

PARTIR LE MOTEUR DES MOTS

Un danseur complètement sourd invente un pas solaire
un autiste réagit aux crissements des minutes
à la fin de la 60e seconde
un gynécologue amateur étudie le spectacle intimiste
d'une rivière livrant ses affluents...

Comme eux
nous savons que la nature se met toujours à table
lorsque la lumière troue avec précision
la noirceur expérimentale des destins!

Au bout de la rue
une falaise nous fait de l'œil
un matin les tunnels avalent les éclaireurs du jour
& les rejettent dans la mise en plis de la terre
il ne nous reste plus
qu'à défaire les nœuds du plywood
partir le moteur des mots
& espérer ne pas tomber
dans les mains de ceux qui ont appris
la prise du sommeil de l'océan...

Plus personne n'est insoupçonnable
de crimes contre l'humanité
les enfants
qui mâchent des roches avec leurs dents de lait
l'amant contemplatif

qui attend l'apparition des corps par érosion
l'assureur
qui sème le doute par des actes de bravoure!

Comme ceux qui éclairent les phares la nuit
nous savons qu'ils savent & ils savent que nous savons
que les gants sont des tiroirs sur mesure pour les mains
& que lorsque la vie devient la réponse
d'une question à choix simple
le bonheur est toujours... d) aucune de ces réponses...

LE REMÈDE CONTRE LA NOYADE

Incapable de prononcer Laval à l'envers
il déjoue la police & disparaît dans le temps
en suivant la mode sur un calendrier en braille!

Commencer la projection de rêves combustibles
changer le sens des barreaux sur l'échelle de la solitude
& ajuster la force des fenêtres à notre vue...

Nous cherchons des édifices conçus pour des intrus
& des paysages réversibles pour enfants forts!

Nous sommes des explorateurs en surface
& des dissimulateurs d'ombres à éclaircir!

Il n'y a pas de mal à martyriser la nature
écarter les bras & les jambes d'un flocon
sabler des récifs & mettre bas un adulte
ne feront pas de nous des ambassadeurs de terrains vagues
tout au plus des exterminateurs de partisans
capables de disparaître à force de boire du décapant!

Nous sommes irrésistibles & abandonnables!

Nous savons que dans le monde
qui sépare les océans du continent
les rêves tamisent le sommeil

& que l'instinct de mort oblige maintenant le coma
à avoir plus de deux sorties!

Notre conscience nous avons les excuses qui vont avec
après le bouche à bouche à des kamikazes
les exercices obligatoires prescrits aux sacrifices humains
nous sonderons le mode de vie des convalescents
trouverons un jour le remède contre la noyade
& la clé japonaise contre la torture...

Pourquoi veulent-ils les patrons
pour faire des coussins assortis aux têtes dures
quand tout au plus
nous connaissons le numéro de chambre
dans laquelle la dernière guerre va commencer?

The red bus was always late
You know why it's always late
Because it's always empty...
KEVIN COYNE

DES AMOURETTES AVEC DES NAINS

Quand la ligne de départ de l'enfance s'efface un matin
pourquoi faut-il que l'ennui
se retrouve sur la route du sommeil
que le vertige des plaines s'étende aux bruits de fond
que nos langues commencent à goûter le frigidaire?

Quoi voir?
l'horizon devenir un mur de longues-vues
ou ce grand film
dont les images ne valent qu'une phrase...
Quoi boire?
l'eau délavée par le soleil
ou l'alcool de pluie fermenté dans un sac à dos...
Quoi croire?
aux hommes-grenouilles
retrouvés par hasard dans un désert
ou au sens propre qui laisse des traces de gras
sur les pages maculées de blanc...
Quoi revoir?
la recette du bonheur
trouvée sous nos vêtements
ou l'emploi massif des suppositoires
dans l'anatomie du poème...

On nous mine le moral
& on se surprend à avoir mal à la tête
se méfier des confidences soufflées par une foule

& porter une pelure sous les sourires
même si pour cela nous devons avaler
ce que la langue fait des mots
la grâce n'est que panique usée par le temps
& le temps qu'un vague souvenir après autopsie...

À quand un couvre-feu sur l'intimité
des amourettes avec des nains
& des coups de cœur pour du bétail?

Charger nos désirs à blanc
ne nous rapprochera pas des joies de l'inconscience!

Nous prendrons d'assaut la patience des autres
avec nos biceps de timidité
& mettrons à nu nos poisons
dans les zones grises de l'humanité!

Ce sont les questions posées à l'envers
qui défont le nœud des miracles
prélèvent les extraits secs de la salive
& font coller les papilles au palais!

Comme les vagues qui cassent
plusieurs fois avant de mourir
& les montagnes qui se jettent à la mer
nos destins sont réimprimés
toutes les nuits
dans les presses rituelles des éditions de la vie!

DES DRAPS MAISON

Rien n'oblige le soleil à se coucher nu
pour faire le jour dans les serrures!

Rien ne nous oblige à mettre
de la crème antirides sur des vitres
& à demeurer invisibles pendant qu'on est en sécurité!

Rien non plus oblige le cœur
à toujours être dirigé par ses artères
& à compter sur quelqu'un d'autre pour mettre fin à sa vie!

Le poème est une arène pour les mots
qui eux on le sait
ont besoin d'être des lutteurs atomes
lors des corps à corps avec l'âme!

Reste que nager dans un étang de piscine
peut être aussi agréable
que de crever les abcès de bonté
dans les surplus de tissus humains
& de braquer pour rien
le canon sur son point faible
ceux qui font de l'art de la souffrance
font aussi de la souffrance un art
par contre
nul ne peut décrire la joie que procure
la recherche de la plus petite souffrance

de la douleur qui fait le moins mal
se maquiller dans une bouilloire
se coucher dans son ombre
suer devant la télé...

Peu importent le degré d'alcool de l'antidote
& la traction du confort sur chacun
nous savons que ce sont les corps
qui mènent au bout du monde
peu importe le sens du matelas!

Comme ces amants d'espions
devenus insomniaques
après avoir opéré pour la première fois
dans des draps maison
je ne dors bien qu'à l'étranger!

LES POINTS NOIRS DE LA TERRE

Au milieu des plaines à vertiges
traversent un troupeau de chats de gouttière
un acteur pleure sur l'épaule d'un gratte-ciel
ensuite dans les bras d'un anesthésiste
un sableur de collines au chômage
se décide à devenir sculpteur de cartes postales
une garde-malade souffrant d'un excès de santé
affirme que le viagra n'est que de la gélatine
puis passible de 24 heures de prison
un gardien de parc avoue avoir abattu un trekker
tout se confond & s'oppose
comme les 106 mets d'un buffet dans l'estomac!

La nature n'est pas faite pour l'homme!

Pendant que l'horizon croule sous le poids des flots
la lune pend au-dessus de la terre
dans sa forêt de paillettes...

Pendant que les temples climatisent les dieux
les volcans deviennent les points noirs de la terre...

Pendant que le temps instaure un couvre-feu sur l'avenir
l'homme recherche de l'exotisme dans la solitude...

Que celui qui détient le passe universel
capable d'enlever les chaînes aux montagnes

& de verrouiller la nuit sur son socle une fois pour toutes
lève la main & m'accompagne !

Nous irons contempler le fleuve
le temps du passage d'un Grand Lac vers l'Atlantique
jamais il n'a été aussi majestueux...

Il draine des ingrédients
à la fois frais & radioactifs !

L'ANTIDOTE À LA GÉLATINE

Notre royaume s'étend jusqu'au mur
sur lequel nos yeux reposent
nous le peuplerons de secrets révélés aux autopsies
de pronostics sur des vies antérieures
de slogans de compassion & de motifs de double vie...

Puis nous le défendrons du grand flou actuel
à coups de longues-vues
pour qu'enfin on puisse apprécier
la beauté précoce des enfants qui vivent la nuit
les peaux neuves données aux esclaves du sexe
les bancs de sirènes échoués dans un lavabo...

Malgré l'avertissement d'orages mécaniques
les miracles cataracteront les yeux en orbite
& prendront la place du soleil dans les isoloirs...

Rien ne pourra nous empêcher
de donner un visage de congressiste à cette ville triste
& de priver nos enfants de ritalin
pour lutter contre la prochaine révolution tranquille!

Rien ne pourra nous empêcher
de chercher dans les enclumes l'antidote à la gélatine
de vivre un cran au-dessus du seuil de la pauvreté
& d'y empailler des trophées!

Nous garderons pour toujours
l'ambition de trouver le bonheur
dans le dictionnaire des modes d'emploi
& saurons tous isoler la sueur de l'alcool
puis comment boire dans un verre propre!

Nous aurons la santé
mentale ou pas!

LE DERNIER DES OVOVIVIPARES

Seule la poésie assèche les objets d'eau
pour arroser les mains de vide
& propose la vie comme un site intéressant
sur le réseau de l'univers...

Débutée par principe
continuée avec ardeur
terminée par amour
la haine de la vengeance
comme ce penchant
pour le bord tranchant de la mer
ne se fait que dans un vœu de chair
nos membres à jamais ligotés
soutireront une dernière fois
du lait de nos bourrelets
& briseront enfin les cartilages de la peau!

Déchire-moi les cheveux
torture-moi avec tes seins de naissance
décore-moi de coups nus dans le gras
puis abats-moi à partir de la taille
en retour je vais t'aimer du même amour
que celui du tyran d'un peuple
pour sa cadette
avec la même illumination que ces miraculés
qui retournent au front avec un membre en plus...

Comme un saumon
je remonterai tes artères
jusqu'à ta centrale d'émotion
pour y poser des caresses à retardement
réglées au milieu de l'enfance
des pousses de cicatrices
& de l'engrais à ciment...

Féconder tes phantasmes
& les couver de l'intérieur
comme les derniers des ovovivipares
est une façon de se mettre un peu de vie dans le sang...

Lire les néons cousus à ta peau
& ouvrir ton corps comme un cahier à anneaux
en est une autre...

Je n'y peux rien
ton corps est parfait
fumé à l'intérieur
& cru à l'extérieur!

UN CADENAS À PLOMB

Capable d'extorquer un cri sous la carapace de l'eau
& d'imprimer à jamais leur sourire dans l'humidité
tu les voyais encore arriver
les bras pleins de blessures rustiques
leurs coupures luisant encore sous les éclairs de pudeur
malgré la lumière qui jeûne
dans leurs corps cloués au sol par la chaleur humaine...

Puis condamné à signaler
la grandeur de la condition humaine
dans les manufactures de montagnes
à passer la nuit à faire
des trous dans les liquides & le point sous terre
à atteindre la plénitude dans l'air comprimé
tu te remémorais souvent
cette implosion qui fit naître 17 personnes sous tes yeux...

Tu te souvenais encore du nom de ce maire
qui avait conféré la prospérité à sa ville
en la construisant sur les lignes de ses mains
& qui devenu manchot à la suite d'un accident d'auto
fut conduit finalement à la faillite!

Mais pourquoi vouloir se souvenir de tout
lorsque la vie offre tant de formules à oublier?

Ignorer que seul le temps qui compte fait mal
ne peut être l'unique raison
pour qu'une pensée cicatrise ta mémoire
& que tu sois dévisagée par un portrait!

Dis-moi pourquoi dans une crainte exagérée de la mort
tu as pris le corbillard qui mène à l'ancien temps!

Puis pourquoi
tu t'es mis en tête
un cadenas à plomb!

Quelqu'un peut me dire ce qu'ont ces maudits souvenirs
à vouloir redevenir fiction?

NOS OVATIONS À L'AUTRE

À chaque début de millénaire
il y a un siècle qui passe inaperçu
le temps vague à enjamber les pôles
les jours labourent la nuit
& les cliniques migrainent l'amour...

Nos corps continuent à effacer le motif des draps
& nos esprits à refaire les arrangements
de nos appels à rendre l'âme & de nos ovations à l'autre...

Au-delà des effets de la chapelure mortelle sur tes seins intérieurs
je constate que ta langue tache encore ma peau
pendant que je m'occupe à mettre à sac ton parfum
dans un rayon d'un mètre...

Hier j'ai vu le soleil tourner autour de toi
aujourd'hui je suis certain que la terre a la forme de ton cul
demain ton sexe dépassera le mien!

Tu es une personne à plusieurs inconnues!

Tu as de la peau d'entrecuisse aux paumes
& de l'étoffe pour deux
dans tes lobs amoureux sur les tissus du gland!

Je me rappellerai toujours comment
tu essuyais tes larmes d'amour avec ta langue

& que tu as plaidé coupable
pour le port de l'âme à l'abdomen!

Peu importe ma position sur la ligne de feu
tu peux être sûre que je vais hurler tous tes noms
lorsque tout ce qui est ignoré
prendra vie dans l'oreille d'un sourd!

LA CLARTÉ DE LA SOLITUDE

L'amour est un alcool
qu'il pénètre de nouveaux remords
lors d'un soupir de pratique
ou qu'il dévoile une grandeur d'âme
minée de silences manuels
ce que nous aimons c'est la clarté de la solitude
qu'il laisse au passage de l'amertume
la beauté neuve qu'il dresse
dans l'étalage des désastres
c'est la légèreté de son spleen habité de blâmes hâtifs
la taille des mémoires perdues
pendant la surpopulation du néant
avant le retour à la terre de notre respiration!

Mais l'amour c'est aussi
des marques de doigts sur la langue
de l'écume autour des bouées de sang
& des sentiments qui se foutent de nos organes
pendant qu'aux confins de notre intimité
nous restons à explorer pendant une éternité
la seconde de décalage avec le plafond...

Buvons à nouveau nos paroles d'enfants
& embrassons tout ce qui bouge sur nous
puis prenons la position du point
sous l'épée de Damoclès
afin de toujours rester étonnés
de la pâleur de la vie!

SOURIRE DES DEUX LÈVRES

Animés par le but de n'avoir qu'une vie
nous passerons sous silence la complicité
de l'infinitif dans les heures normales
& des plis de lumière dans les profondeurs de champ
car depuis que le matin continue
de s'enfoncer dans les orifices du jour
& force les après-midi à tenir jusqu'au téléjournal
les rotatives du réel impriment l'alphabet
dans un désordre meilleur :
l'état du monde contrenature le temps des verbes
le plus-que-futur commençant demain
on pourra enfin soutirer le vide du destin
du poids de l'avenir
& ainsi marcher la tête plus haute d'un centimètre...

Ne plus calibrer les coups bas au-dessus de la ceinture
en fonction de la résistance à sourire des deux lèvres
car pris les deux mains dans le bogue de l'an bissextile
à attendre les jours meilleurs à la hache
nous en voulons à cette force qui nous oblige
à fermer les yeux en vidant les fonds de bouteilles
à célébrer les divorces en faisant fondre nos joncs
& à mettre un cadenas aux cercueils...

Peu importe le voltage des chairs en détresse
la courte paille tirée des mains de la nature
annonçait à tous les remous ressentis au sol

comme une dette d'espoir
payable seulement
en adieux à ceux qu'on aime!

UNE AIGUILLE À L'HORIZON

Le mouvement universel
c'est dans l'élan des nouveau-nés vers le vide
& l'inertie créée en collant les mirages au sol
qu'il est né & va mourir!

Laissons au temps deux secondes d'avance sur l'heure
assez pour qu'on puisse interchanger les aiguilles
tourner le dos aux antipodes
laisser des miettes de sel au sol
& n'infecter que le vent...

Assez pour que les caresses
qui paressent sur les parties abstraites
redéfinissent le plaisir hors des zones érogènes
& que nos corps démis retrouvent leurs sucs existentiels...

Assez pour que les chasseurs de sosies
ne se fient plus aux miroirs
& s'entêtent à jouer aux sept erreurs
avec des photocopies!

Assez pour qu'on puisse fondre en larmes
devant une arme
au lieu de devenir une mer rouge...

Juste assez pour ajouter une aiguille à l'horizon
ou tout simplement l'enlever de son piédestal!

Le mouvement universel
c'est dans l'élan des nouveau-nés vers le vide
& l'inertie créée en collant les mirages au sol
qu'il est mort & va renaître!

L'AMOUR EN VASE CLOS

Nous sommes à l'heure d'indiquer la voie aux esprits
de trancher l'individu en couple
& de faire régner la démocratie dans les duos!

Ce qu'on réduit ne se concentre plus!

L'avalanche prise dans les nuages
est devenue un océan au milieu d'un nid
& mes désirs sont devenus des sorts jetés aux confidences!

L'air liquide l'espace!

Capable de suivre les légumes de profil
dans les dédales des mezzanines
d'exterminer les racines d'animaux
dans les entrepôts de zoos
je suis un chasseur d'amours-propres venus à terme
tout juste bon à tourner ses dons vers lui
pour venir à bout de ses rêves...

Je veux refaire le solage de mon enfance!
blessée lors d'une opération de paix dans les pis du cœur!

Je veux redevenir l'athlète disparu sous la douche
avec des muscles gonflés à sec!

Je veux découvrir le lieu de réception de sa chute de reins
& le degré d'évaporation de son sang!

Peu importent le malaise qui précède la nostalgie
& la maladie qui la suit
un jour nous saurons enfin mimer l'amour en vase clos
au lieu de le décrire
avec tous les détails sordides de l'alphabet
puis comment enlever les écailles des aiguilles
par ces pouvoirs qui n'existent qu'en photos!

LE PORTIER DE L'AUTRE

Tout l'effort déployé à colorer les nuits
ne devrait pas nous empêcher de rechercher
le ton de gris le plus neutre
depuis nos contradictions font en silence
le ménage de notre amour-propre!

Boire la timide humidité de ton sexe à marée basse
pour ensuite me perdre dans un brouillard d'entrejambes
indique enfin qu'un rayon de soleil
a trouvé la passe entre les orifices
qu'importe que la ligne d'orage de notre pensée
suive des pointillés faits à moitié dans l'absolu
on peut enfin s'embrasser dans l'indifférence
sans avoir à justifier l'utilisation du tournevis
pour exécuter les virages dans la peau...

Tant dans la communion des langues
avec les ennemis du cœur
que dans la coupure du sang avec du jus de 18 ans
les directives inscrites sur l'étiquette
au dos des rituels sont fausses
l'amour se mesure
à la qualité des grains sur tes seins de poche
à la largeur du spectre de l'union dans les mots d'esprit
& aux figures de rodéos dans l'agora de l'abdomen...

Même si on ne réussit plus comme avant
à être le portier de l'autre

je suis sûr que l'amour à ce point charnel
est au-dessus de n'importe quelle vengeance!

TON JEU DE DOS

La clarté obtenue en mettant la brume en ordre
dissipe les phrases de leur salive
& confit le temps dans les coulisses des sens!

Entre l'origine de la douleur
ressentie dans les lunettes d'approche
& cette foutue croissance qui arrête l'homme
pile
sur un muscle de la tête
on conserve encore l'idée d'être aveugle
comme un somnifère!

Perceurs de queues d'âne
funambules sur madrier
dégustateurs de vinaigres...

Nous apprendrons à nous servir
du sixième sens les yeux ouverts
quand l'éternité pompée par le cœur
aura une fin heureuse!

Entre-temps
j'aime quand le hasard nous mène en bateau
jusqu'à notre abri de percale
& j'adore quand tu te retournes
pour me montrer ton jeu de dos
dans ce t-shirt fait sur mesure
pour les voyants!

INDIVIDU PAR INDIVIDU

La légèreté soustraite de nos corps dépendants
on compte sur nos doigts les caresses faites à la main
puis soufflés de toutes nos forces négatives
on s'apprête à rendre l'âme dans une nausée de soupirs
pourtant lors des compétitions d'amour
malgré tes lèvres pleines de pansements pour nouveau-nés
nous arrivions à éviter les blessures de coussins
& à donner de notre sang au lieu de mourir de faim!

Bien que rien n'indique que la pluie nous fera encore rire
& que nous arriverons encore à rougir durant notre sommeil
je sais que nous avons assez d'affection l'un pour l'autre
pour se serrer la main pour de l'argent...

Tu peux toujours prétendre avoir été dépaysée par la solitude
veux veux pas les rêves ont des instructions
depuis que les miroirs s'attaquent à l'humanité
individu par individu!

Ma langue dans ta bouche comme dans un livre
j'ai fini par avoir ta recette pour coller les enveloppes
& appris à apprécier le bétail d'Extrême-Occident
fumé aux allumettes!

SUR MESURE POUR LE STATU QUO

Notre chair gît si profondément dans l'air
qu'à respirer à peine
on soulève le drap des forêts
au-dessus des muqueuses du vent...

Capables d'éteindre les millénaires comme une ampoule
& de mettre un *dimer* au soleil en secret
nos artificiers se contentent
de suspendre un lustre au firmament
d'apprendre aux hydravions
d'amerrir dans les fenêtres de salles de bains
& aux boeings de crasher dans des mouchoirs de mohair!

Épouvantail de jouets abattu dans un jardin d'enfants
aveugle jonglant d'instinct avec des mains instantanées
obèses passant à pied en dessous des lois...

Seule la dérision désinfecte toutes les piqûres
& seul le temps sous zéro permet à la fiction
de planquer des couteaux dans une crampe
& de vivre au-delà du geste suivant la dépression!

Le laisser-aller des montres a déposé au large d'un frisson
une lie de souvenirs en démolition
mêlant les jaunes à nos blancs de mémoire...

On n'a plus rien d'innocent à cacher!

Les homicides dictés par la marée des 29 février
les échardes de rosée jaillies d'un sécheur de larmes
les éclipses de foudre
enfouies dans les souterrains de l'azur...

Dans une confusion faite sur mesure pour le statu quo
les tropiques qui ont renouvelé le bail des ouragans
nous rappellent qu'à force d'épaissir
notre sang avec du ciment
nous tiendrons en place
un jour!

DES ÉTIREMENTS DANS UNE ÉPONGE

J'ai planté du charbon sur ma terre
& semé sur papier la confusion dans les airs!

J'ai appris à lire les yeux bandés
avec des couvertures de livres
& à vivre heureux en étant ami avec des jouets d'époque
j'ai investi des millions de sens dans l'industrie du poème
& respecté la parole des langues de vipères
j'ai inventé la fameuse recette de spaghetti au cholestérol
& posté un nuage par avion dans une enveloppe de mohair
j'ai attrapé le rhume dans un rêve
& fait des étirements dans une éponge
j'ai été le jardinier de ta peau à fleur
& récolté des champignons
à partir de tes taches de rousseur
j'ai habité la banlieue d'un désert
& sous-loué un trompe-l'œil fait d'antimatière
j'ai fait l'amour pendant un décalage horaire
& pratiqué la haine dans une chambre froide...

Je suis un enfant conçu lors d'un mal de tête
qui n'a plus le talent
ni la force de ses cinq ans!

TES CUISSES DE FANTAISIE

Meilleurs compagnons d'armes qu'amants
nous nous faisons plus mal les mains nues!

Bien que toujours capable de caresses analogues
de couvrir de griffes tes cicatrices de joie
& de te prendre par le flanc
je me contente maintenant d'être le prête-nom d'un tyran
& de lécher la soudure alimentaire de tes bas de nylon...

Capable à une longueur de bras
de loger les excès de tendresse dans la graisse du cœur
je n'avance plus autant que je recule
je préfère célébrer à distance
le nœud comme symbole de la douleur
& défaire les suicides en éruption
sous l'emprise de tes cuisses de fantaisie
quand assoiffée
ta langue entaille la mienne de louanges
quand défaite
tu attrapes mon aura au lasso
quand abattue à deux pas du désert
tu portes encore ton costume de bain sous ta canadienne
je comprends mal
le brouillage de notre barrage mental...

Je ne réussis plus qu'à embrasser dans le dos
& à refaire le tracé approximatif
de notre petit vandalisme de tous les jours!

Comme ces enfants prodiges en mal d'amour
on s'est jetés dans les bras d'un alcool sans corps
quitte à réduire les épaules larges du bonheur
à une traînée de poudre d'os
près d'un corps en gelée!

UN SECRET SANS AVENIR

Dévisser les pieds du paysage
divaguer par opinion
éteindre le pouf électrique
mordre par compromis!

Comme ces enfants à sonnettes qui se lovent
le long d'un interminable murmure à la population
comme ces tragédiens qui ont le drame en horreur
& qui sur scène restent unanimes contre le quotidien
j'aspire à vivre mes contradictions
dans un $4^{1/2}$ fortifié encerclé de sortilèges urbains
& de bras assez longs pour qu'ils tiennent lieu de cordes
lors des pendaisons d'amour!

Rien ne m'empêche de prêter main-forte au soleil
quand il te déshabille jusqu'à la racine
& couvre d'embarras les détails de ta peau
quand pour étendre la plage sous sa lumière
il lutte contre l'armée intérieure des corps
& pour le retour de l'atome en épave...

Rien ne m'empêche de remercier les mercenaires
qui ont contribué à faire de l'écriture
une arme blanche en temps de paix
plutôt que de célébrer ceux qui ont perdu la vue
à lire de la littérature de combat...

Rien non plus ne m'empêche de dire tout bas
qu'un coup dur à l'apesanteur dans l'amour
nous a finalement fait avouer
que nous détenions à deux
un secret sans avenir...

On dit que tout diamant a son éponge
c'est sans doute pourquoi tu dormais
la formule du carbone sous ton oreiller!

LA PELURE DU CŒUR

Ne venez pas me dire que tout a commencé en 33
lorsqu'on exécutait le portrait-robot des criminels
pendant leur mort!

Ne venez pas me dire que la préhistoire
est la première invention de l'homme
& l'âme la seconde
car il a toujours eu besoin d'une excuse pour évoluer!

Ne venez surtout pas me dire qu'on boit pour apprendre
& que comme un chat dans la gorge
on doit prendre ce qu'on nous donne!

Car je sais
que personne n'a pour mission de suivre le temps
depuis qu'on peut espionner les montres à nos poignets
& qu'on se tourne vers l'univers
parce qu'il n'y a rien de mieux!

Je sais qu'à la longue les poupées enfouies
dans les décombres de mémoires
informeront le fil de la fiction
de nos recettes secrètes de linge sale
& de la santé de nos anomalies...

Numériser les effets spéciaux de ventriloques
ne nous rendra plus la voix!

Les murs de la gorge démolis
notre langue attaquera sur place
les versions du silence qui usent les tympans
pendant que les germes de plastique
noirciront la pelure du cœur
de détails en détresse & de rides en éclats...

Pour connaître l'amour
nous devrons de nouveau penser à l'autre
à la sueur de notre front!

Plus rien n'est jamais à moitié garanti
à moins d'avoir les droits intimes
sur l'enfance d'un autre!

LE DIALECTE DES LEVURES

L'aube criant sa solitude dans un coulis de rosée...

Moulée germée à froid par des vers de neiges
semences de baignoire fermentant sur une cicatrice
enfants qui meurent bas
les aveugles commencent à voir petit
puis à comprendre le dialecte des levures
& finissent par distinguer les maux de tête à l'odeur...

Ils n'arriveront à rejeter tous les syndromes de la beauté
que lorsque nous aurons fini par accepter
la sobriété infinie de la laideur!

Ils ont perdu la foi du jour dans un labyrinthe de lumière
& vendu à bas prix des laissez-passer pour les déserts!

Piger dans sa mémoire
le souvenir le mieux enveloppé
faire machiner ce qu'on y trouve
puis chloroformer le tout!

Leur biographie repose dans un engrenage de cristal!

Qu'elle soit l'illustration d'une image de texte
ou l'histoire d'une image racontée à la lettre
la fiction est prise dans une excroissance de mémoire en exil
elle a beau peaufiner les esquisses de pensées

revenues de l'imaginaire par intuition
malgré tout
le soleil demeurera pour toujours une utopie de chaleur!

Pour eux le véritable bonheur
c'est de prendre moins d'un siècle
pour faire un casse-tête de 24 pièces
& de rendre service aux arbres
en refusant les cure-dents...

Ils savent que la nature est criminelle avant d'être laide!

(Je suis en train de devenir un anaturel
heureux juste à savoir qu'on a dû abattre
au moins un arbuste pour publier ce livre)

Les pieds englués dans le firmament
ils rêvent de peindre les miroirs jusqu'à leur origine
& de parler hallucinations
après avoir réduit leur poids d'acide...

Forts d'un passeport trouvé dans un casier judiciaire
& sûrs d'être des cibles
ils tiennent la main aux enfants
qui inexplorent le néant par petits morceau

I'm blind. I'm blind. But I see behind my eyes.
ERIC BURDON

LA SAUCE DE LA TERRE

L'espoir désintoxe le meilleur en nous!

Rien ne survivra à l'extraction de ces vents soudés au sol
& à ces nuits qui tachent les yeux
pas même la lumière d'un tableau éteint par méprise
pas même l'éclat des nuages
avant le déclenchement des gicleurs de feu...

Obligé de rester à l'écart des coins de l'au-delà
pour ne pas être le seul à être abattu par une douille
capable de faire le vide dans une chambre à gaz
& de réduire en bouillie la sauce de la terre
je passe le temps à relire la liste d'épicerie du néant
à me faire interroger par le centre
& à jouir d'être guéri en traître!

Avec de la bile plein les os
& assez d'étoffe pour faire l'amour à jeun
j'ai trouvé un peu d'eau fraîche
dans le sas d'amour entre ton plâtre & ta peau
& enfoui mes tout premiers souvenirs dans ce dernier baiser...

Mais qui sont ces amants de la semaine
pour préférer s'ennuyer plutôt que nuire!

On dirait qu'ils n'ont plus que l'indignation
pour attaquer dans le dos

le numismate obligé à voir grand
l'handicapé certain que la vie est une pratique
l'asexué capable de s'effacer la raie des fesses...

Je le répète
la joie existe là où elle tombe
au même titre que l'erreur est surhumaine!

Regardez ces enfants magnifiques
capables du moindre en tout temps
ils sont beaux de tellement de défauts
que je les aime avec toute l'énergie négative
permise au sud du bonheur!

TOUS LES CAPRICES DES OBJETS

Dans son souci de bien paraître après les coups
il se tordait de douleur devant un miroir
il le faisait par amour
& par amour...

À mettre le feu aux nuages
à enfouir ces sourires massifs dans sa bouche d'oiseau
comme à s'enlever la corne des hanches
il est venu à plaider le coup de foudre
pour trouver l'ennui
& le manque de temps
pour faire tous les caprices des objets...

Lui pour qui la vie a déjà été un fossile
il pensait avoir enfin mérité de vivre libre
dans un enclos de pièges!

Seul l'autopsie nous dira s'il a été vraiment heureux
si au dos de la peau
les égratignures ont laissé un poème
si comme celui
qui attend l'arrivée d'un rêve après un miracle
la mort n'est venue
qu'après avoir déclaré un embargo sur la douleur...

Le poète on le sait est un scientifique de cirque
il recherche des formules à utilisation unique
& jauge l'achat-rachat des mots dans une phrase...

Il exécutera devant vous
le don de sang qui fera prendre la vie!

LES FILS DE LA CHAIR

Ces vrais poseurs de faux gestes
ont réclamé des détonateurs de silences
pour percer les secrets de l'amnésie!

Ils savent que les miroirs étirent l'enfance
au-delà du générique & que dans ses reflets
le parfum est le plus beau des costumes!

C'est vrai que ce poème a été écrit de force
sous la menace d'inverser les fils de la chair
& de ne plus jouir de l'alibi de la chaleur
trouvé sous les décombres du bonheur...

C'est vrai que ce poème
a été écrit avec le crayon assorti
après avoir inventé cette caresse hybride
autour de ma taille de choix
capable d'enlever cette tache de sang
sur l'uniforme du cœur
& de réchauffer le contenu du mot amour
posé sur la bouée de tes lèvres de secours...

Mais qui donc sommes-nous
pour mener l'existence de couple maudit
même après avoir lynché un lapin de Pâques
exhibé son nerf sciatique dans un sourire en coin
& réussi l'ablation de tes seins de pratique à mains nues?

Des arrangeurs de naufrages sous terre
des décimeurs de familles d'adoption
des entailleurs de grains de sel!

Peu importe son pedigree
l'humain tout au long de sa vie
ne fera que s'attaquer aux restants du big bang...

Nous on fait pareil...

Mais mieux!

L'EXCUSE DES FESSIERS

Être l'esclave d'un ange n'est plus une grâce
savoir ce qui résiste le mieux à l'eau
ou qui pourra défaire le zipper de la terre
nous empêche plus de surmonter les jours de haine
par ces revers qui nous permettent de prendre le dessus...

Plus personne ne repartira à zéro
il ne reste que les outils pour bâtir vers le bas!

Enfants universels laissés pour vivants
derrière des barbelés de porcelaine
athlètes poétiques incapables d'embrasser les joues
de tous les membres d'une contorsionniste
forçats de l'amour obligés
de pratiquer la sexualité des levures...

Même si on sait qu'une belle mise
sera toujours l'excuse des fessiers
& que la dernière chose à faire est d'échanger
les achats compulsifs commis par des aveugles
contre cette encre si claire qui permet de signer les rêves...

On essaie encore de tomber en amour
même quand on sait que le passé a mis le filet trop haut!

LE LAIT DES CALORIES

Arôme des nuages cuits dans le four ouvert du désert
fièvre de lumière usée par des abat-jour
miettes de paysages éclaboussées par des mirages de marées!

Les poètes clameront la fin de ce nouveau monde
malgré une fracture de la langue
avec des mots forts en solitude
qui perceront la peau infiniment douce du bout des lèvres
muettes de désespoir au fond des phrases!

Mais je sais que tout recommencera
par l'éblouissement de ta nudité révolutionnaire après l'éclipse
à la suite de l'écrasement d'un court-circuit par un passant inconnu
nous réussirons à extraire le lait des calories
& à renouer avec tous les chants existentiels
lors d'une marche organisée contre le vertige
nous ferons l'amour dans une chambre de terre
& nous connaîtrons pour toujours la pointure du silence
après l'abandon clinique des corps

Mais que ferons-nous de cet enfant
qui sur le chemin de sa perte
efface les comptines du troisième âge du livre des réalités
& tente de nourrir son cancer
avec du sang évaporé & de la levure en poudre?

Il était là
avant nous!

L'IDENTITÉ N'EXISTE PAS!

J'ai retrouvé les nuages oubliés dans les canyons
& colmaté sans délai les fuites de l'immédiat
j'ai été terrassé par un excédent de victoires morales
puis ranimé par un revers de fatigue
j'ai pillé le sol sous les troupeaux
& fabriqué des outils en diamant...

J'ai appris à défaire les nœuds coulants
dans un miroir mis à jour par des amnésiques
& à insuffler un peu d'ambition à une rumeur
quitte à en faire un fait divers
comme celui qui déjà mis à nu
a voulu aller plus loin
comme cet enfant né psychédélique
comme ce paysan disparu dans son champ...

L'identité n'existe pas!

Rituel du transport des yeux vers le soleil
dans un avion de paille
rituel des mots qui frappent les dents
& rituel auquel un cadenas ne peut que servir d'amorce...

On a essayé de doubler le silence en mouvement
& de cacher les étiquettes des paysages
en vain

l'érosion du ciel a forcé les nuits à devenir souterraines
& le sol a paralysé sous nos pieds!

Peu importe le nombre de pièces du puzzle de la vie
il ne manque toujours qu'un morceau :
l'entrée du tunnel par lequel
l'oubli vient accoupler les destins...

SE SAOULER EN VITESSE

J'ai oublié la combinaison du paysage antérieur
dévisagé la serrure
& réalisé la bassesse idéale pour demeurer hors terre!

Tu as récité tes phrases hygiéniques
réduit ta moyenne au bâton
& pris ton mal en patience
pour te le faire voler comme d'habitude!

Je me souviens maintenant que tes dons pour la langue
étaient à l'origine de mes pertes de conscience
quand la vie de l'un était encore un sport pour l'autre
j'aspirais à une honnête carrière d'écrivain mineur
& toi tu rêvais à un grand rôle de starlette
mais finalement l'amour est passé
d'une page à l'autre comme un rongeur
maintenant que cette aventure à peine platonique
avec ma fille de 11 ans évolue en pensée
& que tu dois pratiquer l'abstinence loin des draps
je t'offre cet arc-en-ciel planté dans le firmament
comme une chandelle sur ton futur gâteau de mort
rien de moins!

On a beau savoir que le noir fait aussi de l'ombre
se saouler en vitesse
ou connaître personnellement le livreur de subconscient
même dans le meilleur des cas
on revient inapte du nirvana...

Rêver c'est prier!

MES ROUTINES DE SURPRISES

J'ai gagné un dé à jouer à la roue du passé
malgré que je sois toujours
à la remorque d'un souvenir puisé dans l'avenir...

Je sais que le juste retour des choses
est composé de coups bas sous l'évier
de caresses âgées dans des cœurs étrangers
& d'existences vouées à des objets cultes
toutefois regardez-moi exécuter
avec étonnement mes routines de surprises!

Je vous le dis la fatigue est providentielle
elle ajoute le vécu nécessaire à la chance
& des noms propres aux coïncidences...

J'espère avoir peur d'échouer
à chaque fois que j'essaie d'oublier
les nymphes qui font le double de leur âge
les fées qui accumulent des ongles sous leur vernis
& le goût de la viande de magnésie!

Je veux assister à des suicides
qui ne seront jamais assez lents
malgré que je souhaite la victoire de l'érosion sur l'éternité
la vie comme l'amour a ses limites
même passé les barbelés...

Il faut le dire
nous sommes surtout influencés par ce qu'on hait
& très peu applaudis pour ce qu'on aime...

J'ai déjà cru qu'avoir des affinités
avec des poissons qui grimpent aux arbres
& aimer déshabiller des animaux savants
devait me rapprocher de la perfection...

Aujourd'hui je suis moins incrédule
si l'alcool de rêve
remet la réalité à zéro pendant le sommeil
jamais la mer a redonné vie à une épave!

I'll make a place between my legs,
I'll teach you solitude.
Leonard Cohen

L'INFINI EST DERRIÈRE NOUS

L'aurore paresse végétale
des citadins sèment le trouble en pleine rue
& récoltent un bénéfice net avant la pluie
d'autres ont enterré un brin d'herbe avec hargne
mais n'obtiennent qu'un feu de pelouse...

À la tombée du jour
le dépôt de la rosée a fait trembler la terre...

La nature est dépaysée
mais l'infini est derrière nous!

Il y a d'autres issues pour la fuite que la beauté
surtout quand la beauté est le refuge qui précède la foi
mais trop peu de places debout
sur la rampe des frissons
qui mène au vaste chantier de l'admiration réciproque...

Maintenant qu'on sait
que le meilleur des mondes ne peut être blanc
que les miracles reproduits au microscope hypnotisent l'œil
& que Bill Gates crèvera d'un rhume de cerveau!

Maintenant qu'on sait que les bouches
possèdent les outils pour sourire
& que les tableaux exposant une forte teneur de renfermé
peuvent imploser d'indiscrétion!

L'amour trouvé dans les caresses qui précèdent le désir
& dans des poèmes adaptés de 100 ans de cinéma
résistera aux révolutions sexuelles
préparées dans la nostalgie!

J'ai plaqué des mots de valeur sur tes phrases incurables
& fait chanter tous tes défauts par une mauvaise langue
j'ai défait le nœud de ton sexe
puis tu as défait le mien avec tes mains d'enfant
ensuite tu as dressé les tables de nuit
fait ce repas de chair à canon
& jeté le reste de nos ébats au sol
après avoir obtenu
dans un râle de sagesse mes aveux vitaux
lors d'un corps à corps à vol d'oiseau...

À mon tour de jouer le rôle de l'univers
& à toi d'être au tableau de bord
si tu choisis d'échanger nos dés en poudre
contre le plan du moteur à l'origine du carburant
méfie-toi!

La vie vient avec un panier
mais le réel est authentique!

JE MENS PAR CŒUR

Parmi les sorts jetés
par une lumière ouverte par paresse
il y avait une boussole œuvrant dans une valise
des poissons disparus lors du grand séchage
& un posemètre d'étoiles à drapeaux...

Demain si la chance nous maudit
nous trouverons les détonateurs
dans le ventre d'une catastrophe
sinon nous irons construire des objets en exil
dans les mains du quotidien!

La réalité sera toujours plus faible que la dérision!

Je mens par cœur
& doute mieux que vous tous
que la prière peut être une récompense
car je sais que le réel n'est en fait qu'un oubli
& que penser à rien ne suffit plus à tout...

Nous provenons d'une classe moyenne
qui refuse les privilèges
& devenons plus intelligents
chaque fois qu'on fait l'amour...

La fiction est tellement plus vaste que la subconscience!

Si les rêves proposent une réalité ouverte à clé
la fiction permet de lire le passé en braille
si les rêves vident l'esprit durant la nuit
la fiction vend des crânes en conserve
si les rêves purgent le patrimoine
la fiction invente l'avenir
à tous les jours...

Aujourd'hui
je m'endormirai à l'endroit prévu
pour l'excavation d'un naufrage
& je m'éveillerai au milieu
d'un abattoir de légumes!

Tout comme la naissance inverse le cycle du sang
la poésie impressionne les destins arrivés à terme...

Même celui de l'écologiste retrouvé pendu à une jardinière
même celui qu'on ne reconnaissait qu'à son chien!

Ces poèmes ont tous deux-trois phrases de trop...

J'espère qu'un jour ils en auront dix!

TOUT PEUT SERVIR À ÊTRE INUTILE!

Le travail est l'itinérance du sommeil
& la maladie que l'appât #3 de la fatigue!

Je suis un limier d'occasion
à la recherche d'innocents à remercier...

J'ai suivi un cours de plongée intérieure
& j'ai survécu à des nuits longues comme un boa
tissées avec un seul fil de lumière
j'ai sécrété des phrases mot à mot
dans des bouche à bouche
pour apprendre que les numéros de notre destin
sont au bout de soi
mais je me demande encore pourquoi
quand on se couche seul
on dort toujours du côté vide...

J'ai confondu le marathonien du silence
revenu avec un os du néant
& revendiqué le droit des nains
à ferrer les pattes d'oiseaux
pour qu'ils volent plus bas...

J'ai caressé des corps si durs
qu'ils faisaient des bleus aux doigts
& cueilli des grains de beauté
dans un désert de vieilles peaux...

Comme un poisson-chat
mal dans un aquarium
comme dans un zoo
je retiens mes respirs en liberté
& je sue sous l'eau
je visse des barreaux aux arbres
& congèle des éponges de fumée...

Tout peut servir à être inutile!

Un désert autour d'un carré de sable
un pâté de maisons closes en plein milieu de l'enfance
un filet pour couper le vent!

Chaque matin
je lis dans mes mains les détails de ma dernière soirée...

Je suis un de ces enfants
qui traités en adultes pleurent cul sec!

CHANGER DE PORT DE TÊTE

Disparus lors d'une tornade
retrouvés à maudire les sous-sols hors terre
disparus lors d'une famine
revus en squelettes enfouis dans une fourrure de gras
disparus lors d'un retour d'ascenseur
découverts dans les limbes d'un supermarché...

Après avoir surpeuplé le silence
les disparus y écoulent maintenant
les produits de l'érosion...

C'est pourquoi je m'évertue à changer de port de tête
& m'attarde à déraciner les déserts
ou à vanter la beauté des fleurs intestinales!

C'est pourquoi j'essaie aussi de fumer de l'alcool
& de développer une foi en la beauté plastique
capable de décentrer l'essieu du maudit horizon!

Nous ne serons pas toujours le clou d'une soirée d'attente
car déjà nous connaissons la hauteur idéale
pour obtenir le vertige parfait
& savons que la paix survient toujours un lendemain!

Futur passager du premier vol annulé pour beau temps
je veux être neutralisé au sol par une volée de compassion
ou apparaître en homme invisible dans mon costume d'eau

je sais que pour battre de vitesse les fuseaux horaires
il suffit de se déplacer en cercle
ou de tourner le dos à l'instant précédent...

J'aimerais aussi nager sous les lignes du globe
& pénétrer dans l'au-delà par la porte du dessus
avec une efface comme outil!

Ensuite seulement ensuite
j'irai faire le tour du monde sur des chemins de terre
pour colporter que la vie est pratique
pour ranger des souvenirs...

JAKARTA

Rien qu'à penser qu'à la naissance on a déjà neuf mois
me rappelle que si la vie est un don de sang
c'est surtout une prise de conscience...

Je me souviens maintenant que la blancheur de tes yeux
irradiait notre abri amniotique
comme deux soleils blancs éclairant vers le haut...

Je me souviens que tu tirais toujours la nourriture vers toi
que tu prenais des bains de sang
au milieu de souvenirs qui flottaient au ralenti...

Je me souviens que tu lisais l'avenir dans le liquide
& lorsque tu sentais les crampes venir
tu me prenais par la main & nous plongions sous l'eau...

Je me souviens aussi que tu ne supportais pas l'alcool
ton organisme rejetait l'amertume du sucre
je crois même que tu savais pourquoi notre mère buvait tant...

Je me souviens que tu n'en pouvais plus
d'avoir les pieds mouillés
que tu avais froid même sous ta chair de poule
& que tes rêves avaient toujours le dessus sur les miens...

Je me souviens qu'à la fin tu faisais cinq fois mon poids
tu avais perdu la foi à voir le jour

tu pensais que deux c'était un de trop
& tu as décidé que notre mère serait ton tombeau de chair!

Ce que je sais aussi
c'est que tu n'aurais pas dû t'agripper à la rampe de l'utérus
t'enrouler la tête dans le cordon
& te laisser vieillir si rapidement sur place!

Le médecin a refusé de signer l'acte de décès
il savait que cette obésité infantile
n'était qu'un sacrifice
un suicide en état de légitime défense pour me sauver la vie
je me souviens, il a dit :
«Elle n'aura jamais été vierge, celle-là!»
il ne voulait sans doute pas
que tu arrives aux limbes avec un casier judiciaire...

Maintenant je crois savoir
que cette violente crampe venant de l'extérieur
qui t'avait laissé une marque en forme de F sur le front
n'est pas étrangère à ta décision!

Tu n'as jamais cru que le propre de l'enfance
est d'inventer des sons
de jouer pour vrai & de croire aux bonbons
sur cela tu t'étais trompée
tes souvenirs vivaient en pays occupé...

Je sais aussi que tu as joué à l'héroïne pour rien
car j'ai toujours été ton seul public
tu te croyais trop âgée pour apprendre à marcher
tu étais la reine de l'intérieur

tu aurais pu être la maîtresse de l'univers
mais tu ne pouvais savoir
que l'enfance dure toute une vie
& l'existence qu'une éternité!

J'aurais tellement aimé avoir une sœur comme toi
pour me défendre
tu aurais été propre à trois mois
tu aurais prononcé des phrases filantes
& fait des nuits de 48 heures...

J'ai maintenant 11 ans
notre mère est enceinte
& je ne sais pas si je veux que tu ressuscites!

Elle veut t'appeler Florence
mais pour moi tu seras toujours...

JAKARTA!

Éditions Les Herbes rouges
3575, boulevard Saint-Laurent, bureau 304
Montréal (Québec) H2X 2T7
Téléphone : (514) 845-4039
Télécopieur : (514) 845-3629

Document de couverture :
Pol Turgeon, *Fly,* 1998
Photo de l'auteur : Bev Caplan

Distribution : Diffusion Dimedia inc.
539, boulevard Lebeau
Saint-Laurent (Québec) H4N 1S2
Téléphone : (514) 336-3941

Diffusion en Europe : Librairie du Québec
30, rue Gay-Lussac
75005 Paris, France
Téléphone : 43-54-49-02
Télécopieur : 43-54-39-15

Cet ouvrage a été achevé d'imprimer
aux ateliers d'AGMV Marquis inc.
à Cap-Saint-Ignace en octobre 1999
pour le compte des
Éditions Les Herbes rouges

Imprimé au Québec (Canada)